AF562943

L42b
307

42
Lb 307.

EXPOSÉ

DE

LA CONDUITE ET DES PRINCIPES

d'A. C. BROTIER,

Lu à la séance du conseil de guerre permanent de la dix-septième division militaire, le 12 germinal an 5 (premier avril 1797).

Cet homme courageux et imprudent a été déporté à la Guyane avec le Cit. Villarnois son collègue d'entreprise et Barthélemy le Directeur, et Brottier y a péri.

CITOYENS JUGES,

Un bon cœur est le plus cruel tourment de l'homme. J'ai été toute ma vie le jouet de la bonté du mien ; et, dans ce moment, j'en suis la triste victime. Quoiqu'il soit essentiel pour moi d'entrer dans quelques details sur ma vie privée, je déchirerois ces pages, et je condamnerois à un éternel oubli cet exposé tracé à la hâte, si je pouvois croire que l'infame égoïste y puisât, un jour, des motifs pour s'applaudir dans son indifférence sur les maux d'autrui. L'égoïsme

A

Brotier neveu a continué l'Edition des Oeuvres de Plutarque avec Vauvilliers, puis il a donné la trad. fr. de Plaute et ensuite quelques ouvrages de son savant oncle de l'acad. des B.L. et l'Editeur de Tacite.

est le plus terrible fléau de l'humanité : il paralyse tous les sentimens ; il rompt tous les liens de la société ; il isole l'homme de la totalité du monde entier. Le bon cœur, au contraire, fait le bonheur de tous, en se sacrifiant pour tous. Plaise au ciel que je puisse me féliciter à la fin de ma carrière d'avoir rempli cette destinée ! C'est d'après ce vœu, qui a toujours dirigé ma conduite, que j'ose donner ici quelques traits de l'histoire de mon cœur.

Né, en 1751, à Tannay en Nivernois, de parens honnêtes, et jouissant d'une médiocre fortune, je ne serois jamais probablement sorti de cette petite ville sans un incendie affreux qui consuma la plus belle portion des propriétés de mon père. Il comptoit alors neuf enfans, dont cinq filles, et presque tous en bas-âge. Il fut obligé de nous priver de notre précepteur. Dès ce moment je ne vécus que des larmes que je recueillois sur les joues de ma mère. Je me proposai de travailler de manière à pouvoir venir au secours de ma famille, aux prises avec le malheur. Mon cœur fut mon unique conseiller dans cette circonstance, et il m'a soutenu au milieu des plus dures épreuves.

Le savant et modeste Gabriel *Brotier*, mon oncle, célèbre dans la république des lettres par des connoissances aussi profondes que variées, jouissoit alors (en 1767), même en France, d'une considération qu'on a beaucoup de peine à acquérir, et que l'on conserve encore plus difficilement dans son propre pays : mais ayant appartenu à une société fameuse, il étoit en butte aux persécutions qu'exercent toujours l'esprit de corps dans les monarchies, et les factions dans les républiques. Il fuyoit, loin de son pays, les décrets de prise-de-corps lancés contre lui par le parlement de Paris ; et ma famille ne put, dans une circonstance aussi pénible, ni recourir à ses conseils, ni profiter des secours dont il auroit pu disposer. Ses nombreux amis le suppléèrent. M. de Beaumont, archevêque de Paris, instruit de nos malheurs, m'appela au collége de Sainte-Barbe pour y faire mes études. Elevé sous ses auspices et à ses frais dans cette sévère école, c'est à ce respectable prélat que je dois l'éducation que j'ai été dans le cas de recevoir. J'estimerois la France encore susceptible d'être vraiment heureuse, si, partageant ma reconnoissance pour tous les bienfaits que M. de Beaumont versoit sur une foule d'enfans dans les meilleures écoles de Paris, elle savoit regretter ses vertus austères qui ont lutté si long-temps contre le torrent des vices et de la corruption, et qui ont reculé le triomphe de l'immoralité, du philosophisme et de l'irréligion. Après des progrès qui parurent assez rapides, je me déterminai à prendre l'état ecclésiastique : je le regardois comme le seul où je pourrois cultiver les belles-lettres sans distraction, et avec plus d'utilité pour moi. Dès cette époque, j'avois abjuré toute idée d'ambition et d'avancement, même dans cet état. Je ne voulois devoir qu'à mon seul travail les fruits que je me proposois de reverser sur ma famille : c'est là le but auquel j'aspirois sans cesse. Bientôt je me mis en état de donner des leçons de mathématiques pour suffire à mon entretien. C'est alors que je sentis s'épanouir en moi un goût des plus vifs pour l'éducation de la jeunesse, et il me fut un nouveau motif de me livrer à l'étude avec plus d'ardeur que jamais. Dès que je voyois un enfant, et qu'il montroit quelques dispositions, je ne pouvois contenir mon desir de l'enrichir de ce qui me coûtoit tant de travail et de veilles à apprendre. Je crois, en effet, que les connoissances de l'homme instruit sont le patrimoine de tout enfant, et que c'est un crime de l'en priver : aussi me suis-je continuellement appliqué à faciliter les moyens d'instruction et à trouver des méthodes pour écarter de l'étude toutes les difficultés, toutes les épines, et n'en présenter, pour ainsi dire, que les roses à la jeunesse. Il faut lui faire aimer ce qu'on veut qu'elle pratique ou connoisse. Voilà ce qui a déterminé une foule de parens à me consulter sur l'éducation de leurs enfans. J'ai eu le bonheur de diriger par mes conseils les études de plusieurs, et avec succès, soit dans les éducations publiques, soit dans les éducations particulières ; et grand nombre d'entre eux rendent aujourd'hui de précieux services à la République. C'est aussi ce qui attira sur moi les regards du gouvernement, et me fit nommer à une chaire de professeur de mathématiques à l'école militaire. Mais le retour de mon oncle en France me fit abandonner cette nouvelle carrière, pour m'attacher à lui uniquement et m'élever à un genre de travail qui pourroit me mettre à même de profiter, un jour, des recherches qu'il avoit faites pendant plus de quarante ans d'études opiniâtres, et dans le commerce des savans des quatre parties du monde.

A peine me fut-il rendu, et aux vœux de tous ses amis, qu'un nouveau malheur vint mettre mon cœur à de nouvelles épreuves. Je perdis mon père, qui succomba aux chagrins que lui occasionnoit le dérangement de sa fortune. Il laissa des dettes qui auroient absorbé la moitié de notre bien, dont la totalité suffisoit à peine à l'entretien de la meilleure des mères et des six enfans qui restoient auprès d'elle et à sa charge. J'arrêtai l'avidité des créanciers, en me chargeant de satisfaire à la mémoire de mon père, et de payer toutes ses dettes. Je comptois sur le fruit de mes travaux littéraires pour réunir les moyens de remplir ce vuide. J'assurai par là l'existence de ma mère, de mes cinq sœurs et de leurs enfans. Je leur ai conservé la maison paternelle, qui, sans cela, eût été vendue. C'est dans cet asyle de la piété filiale qu'à 70 ans ma mère vient d'apprendre que je suis traîné devant les tribunaux comme un conspirateur ! Mais laissons tous ces détails particuliers qui n'appartiennent à cette circonstance-ci que pour faire connoître la manière dont je me suis conduit dans tout le cours de ma vie éloignée de toute intrigue, et quels ont été mes moyens de subsister.

Le littérateur ne peut se promettre quelques foibles jouissances que vers la fin de sa carrière. Mes travaux, réunis à ceux de mon oncle, pouvoient me procurer des avantages qui devoient hâter le moment de me retirer tranquille dans ma famille. C'est là toute l'ambition du sage; c'étoit au moins l'unique objet de mes vœux.

Déja mon oncle, qui avoit formé avec MM. de *Malesherbes*, *Jussieu*, *Guettard*, *d'Anville*, *Lacaille*, *Maraldi*, *Guérin*, *Delatour*, et autres savans et artistes célèbres, le projet d'une édition complète des œuvres de *Pline* le naturaliste, m'avoit chargé de toute la correspondance avec les sociétés savantes et les savans les plus distingués de la France et de l'Europe. L'objet de cette correspondance étoit de recueillir toutes les observations relatives à l'astronomie, la géographie, la météorologie, l'agriculture et la population. Elle m'a mis en rapport avec une quantité prodigieuse de monde au dedans et au dehors de la France. Les nouvellistes, les journalistes et les philosophes, y venoient chercher des matériaux propres à entretenir l'oisiveté des premiers, à donner quelque relief aux écrits des seconds, et à fixer l'attention des derniers. Je communiquois volontiers, parce que je ne voulois être riche que pour l'utilité commune. Pendant ce temps-là je travaillois à la nouvelle édition du *Théâtre des Grecs*; et j'achevai, avec le savant et vertueux *Vauvilliers*, la belle édition du Plutarque d'*Amiot*, commencée par mon oncle, et à laquelle il manque encore deux volumes de tables.

Sur ces entrefaites j'eus la douleur de voir mourir, au commencement de 1790, mon oncle, dont la perte fut sensible à tous ceux qui s'intéressent aux sciences, aux arts, aux mœurs et à la religion. L'ami qui lui avoit donné un asyle, où il étoit fixé depuis son retour de l'étranger, voulut me faire participer à l'amitié qu'il lui portoit. Il me força d'accepter le même logement et les mêmes agrémens qu'il avoit accordés à cet oncle si justement regretté. Il me croyoit capable de consoler l'amitié souffrante de l'absence d'un vrai et fidèle ami que rien ne pouvoit faire oublier.

Aussitôt après la mort de mon oncle, je m'empressai de publier quelques-uns des ouvrages manuscrits qu'il m'avoit laissés dans sa riche bibliothèque. C'étoit la meilleure manière de lui rendre le juste tribut d'éloges qui lui étoit dû. Je fis imprimer un recueil des *Œuvres diverses et des maximes de la Rochefoucauld*; la *Morale d'Epictete*, traduite en français, et *des Paroles mémorables*. Le régime de la terreur vint suspendre tous mes travaux littéraires. La proscription étoit particulièrement dirigée contre les nobles, les ecclésiastiques et les gens de lettres. Ainsi furent paralysés tous mes moyens de travail, et même ceux d'existence. L'ami qui m'avoit recueilli après la mort de mon oncle, fut emprisonné comme suspect. Il jouissoit d'une honnête aisance qu'il partageoit avec les artistes peu fortunés ; il menoit une vie retirée avec la plus respectable et la plus aimable des épouses ; et tous deux ils étoient un modèle de l'union conjugale, dont tous les momens étoient consacrés à secourir l'indigence : il n'avoit de sa vie fait ni même voulu de mal à qui que ce fût ; et il redoutoit, autant pour les autres que pour lui, d'en voir faire ; enfin il étoit religieux, bon citoyen, bon ami. Voilà ses titres à la proscription. Son épouse ne put supporter le malheur qui frappoit son mari ; elle succomba à sa douleur. Je me vis privé par là de toute ressource ; je n'en eus plus d'autre que de recourir à mon propre bien : j'en vendis jusqu'à la concurrence de 18 mille livres pour achever de remplir le reste des engagemens que j'avois pris après la mort de mon père, et pour suffire à ma subsistance. L'état d'une partie des sommes provenues de cette vente, et écrit de la main de mon frère, a été trouvé dans mon portefeuille, lors de mon arrestation : vous l'avez sous les yeux. Je vendis encore en 1793, pour six mille livres, une portion de ma bibliothèque, en donnant au libraire toute facilité pour les époques des paiemens.

Je me réfugiai ensuite à *Belleville*, où je cherchai à vivre ignoré au milieu d'une partie de mes manuscrits : car je fus obligé d'en disperser une autre partie de côté et d'autre pour ne pas donner de prise aux soupçons qu'auroit pu attirer sur moi un si grand amas de papiers de toute espèce. On a trouvé dans mon portefeuille la preuve de mon exactitude à remplir personnellement à *Belleville* tous mes devoirs de citoyen. Mes billets de garde étoient presque tous restés dans le porte feuille saisi sur moi. C'est par cette attention de ma part, dans toutes les époques de la révolution, que j'ai passé intact à travers les orages qu'ont amenés les trois premières assemblées, et au milieu de cette nuée de dénonciateurs civiques et à gages qui s'élevoient de tous côtés en faveur de chaque parti dominateur. Remarquons, en passant, que toutes les factions sous lesquelles nous avons vu gémir la France pendant les six premières années de la révolution, ont mis les dénonciations au nombre des vertus civiques ; et que presque tous les Français ont été successivement dénoncés les uns après les autres par ceux mêmes de leur propre parti, suivant que les factions se subdivisoient. Ainsi périssent donc par leurs propres inventions tous ceux qui appliquent leur génie à trouver, malgré le cri de la nature, de nouveaux moyens de torturer les hommes.

Après le fameux 9 thermidor, je entrai dans *Paris*, et me fixai sur la section du Luxembourg, rue de Condé, n°. 4. La manière dont j'y ai vécu jusqu'à ce moment n'a pu exciter sur moi ni la surveillance de la police, ni les regards de mes voisins. Mon voisinage pouvoit tout au plus paroître un peu bruyant à cause des enfans que j'attirois chez moi de temps en temps.

Cependant à l'époque fatale de vendémiaire je fus dénoncé au comité de sûreté générale comme complice de *Lemaître*. Je fus traduit à une commission militaire présidée par M. *de l'Estrange*, où, sur le rapport de M. *Vautier*, je fus acquitté de la manière la plus flatteuse pour mon cœur et la plus honorable pour ma mémoire. Mes correspondances à l'étranger, presque entièrement suspendues depuis plus de deux ans, furent le prétexte des dénonciateurs de ce temps-là; car ils changent de langage suivant les circonstances. Je me présentai au tribunal, sans craindre d'avoir ni à rougir ni à me repentir de mes correspondances. Je convins que je m'honorois d'un grand nombre d'entre elles, et que mon cœur ne me permettroit jamais de m'interdire les autres.

Mon goût pour l'éducation de la jeunesse m'avoit porté, après le départ de l'abbé *Maury* pour l'Italie, à surveiller les études de ses neveux restés sans aucune ressource par l'éloignement de leur oncle, et par la mort de leur père traîné sur l'échafaud du terrorisme à *Orange*. Je pris plaisir à établir entre ces enfans et leur oncle les rapports que le crime seul pouvoit proscrire. Le terrorisme expirant voulut me faire expier cette espèce d'audace. La nature réclama plus fortement ses droits; et je fus rendu à mes parens, à mes amis, à mes études.

Mais cette affaire, ainsi que mes correspondances, me donnèrent une fâcheuse célébrité. *D'Antraigues* sur-tout, que je n'ai jamais connu personnellement, mais qui recueilloit par ses amis une foule de détails qu'ils extrayoient de mes correspondances, fixa les yeux sur moi. Il étoit à *Venise*, et avoit à juste titre la confiance de l'aîné des frères de *Louis XVI*, retiré à *Vérone*. Voila ce qui me valut ces pouvoirs datés de *Vérone*, et qui sont aujourd'hui mon principal titre d'accusation. Nulle correspondance directe de ma part n'avoit provoqué cette marque de confiance; je n'ai même plus conservé avec *d'Antraigues*, depuis que *Louis XVIII* a quitté *Vérone*, d'autres rapports que ceux commandés par l'empire de la vertu, de la loyauté et de la franchise sur un bon cœur. La modération que j'annonçois dans ma correspondance, et sur-tout cette obligeance que l'affaire de vendémiaire avoit mise dans un trop grand jour, furent de nouveaux motifs qui déterminèrent à me confier ces pouvoirs. Je ne crus pas devoir les refuser par les mêmes raisons qui me les firent donner. Je n'ai jamais su fuir l'occasion de rendre service, et je voyois dans cette mission mille moyens de servir mon pays, et d'être utile à une foule de mes semblables dans l'oppression, dans la misère et dans l'erreur. Enfin mes opinions politiques manifestées sans provocation, mais avec courage, avoient encore pu me faire croire propre à être utile aux vues et aux intérêts des Bourbons. Je regardois en effet la constitution de 1791 bien moins comme un code de lois faites pour le bonheur du peuple, que comme une mine inépuisable de fermens d'insurrection pour le peuple contre le roi, qu'un usurpateur avoit juré de détrôner. Le monstre ! il ne craignoit point de périr sur l'échafaud, pourvu qu'il pût y traîner Louis XVI. *D'Orléans* vouloit faire servir son propre corps de marche-pied pour faire arriver plus vîte au supplice Louis XVI, son cousin, son seigneur et maître.

Les grands crimes sont toujours suivis de grandes calamités. Un si grand attentat nous valut la constitution de 1793, qui a inondé notre sol du plus pur sang français. La nation entière a prouvé que l'on avoit droit de s'insurger contre ces deux productions du crime : voilà ce qui démontre que les sermens que l'on arrache à tout un peuple malgré lui, sont tôt ou tard foulés aux pieds, ainsi que les sacrilèges qui ont abusé d'un empire momentané pour les faire souscrire : les attentats des rois, des factions ou des particuliers contre les peuples, ne restent jamais long-temps impunis. Je regardois donc comme légitimes les glorieux efforts, quelle qu'en ait été l'issue, des royalistes dans les différentes provinces de France. Le républicanisme, comme l'a dit *Robespierre*, s'est glissé entre le royalisme et l'anarchie, aux prises l'un avec l'autre ; les républicains l'ont emporté dans cette lutte qui a tourné à leur avantage ; ils se sont donné une constitution mixte plutôt que républicaine, qui peut calmer les passions, dissoudre les factions et réunir les esprits. J'en ai étudié les principes ; je me suis assuré que, moyennant quelques changemens essentiels, faciles à obtenir, elle pourroit faire le bonheur du peuple français, dès qu'elle seroit sortie des mains de ceux qui ont voulu l'étouffer dans son berceau, et qui néanmoins s'en disent les pères. J'ai desiré savoir sur-tout si on en vouloit l'entière et la parfaite exécution. Quand je me fus assuré que les actes arbitraires et les infractions à cette constitution n'étoient pas tellement multipliés qu'il fût permis d'en conclure qu'elle auroit le même sort que les deux précédentes ; quand je me fus convaincu qu'on avoit bien plus de reproches à faire au gouvernement qu'à la constitution, je ne pensai plus qu'à ramener les esprits à ces nouvelles idées ; je ne travaillai qu'à éteindre les haines ; et mes rapports avec *Louis XVIII* n'eurent plus d'autre but que de lui faire abandonner les plans qu'il avoit adoptés jusqu'à présent. Des pouvoirs et des instructions basés sur des principes plus modérés, plus analogues à notre nouvelle position, et plus propres à faciliter les rapprochemens qui étoient

BIBLIOTHÈQUE ... IMPR.

l'unique objet de mes vœux, furent le fruit que je recueillis de mes premiers soins. *Louis XVIII* se rendit à mes observations : on le voit, dans les nouvelles instructions du 24 novembre 1796, nous proposer une marche toute différente de celle qu'il avoit tracée précédemment. Satisfait d'avoir pu obtenir ce changement dans les idées de ce prince, je ne pensois plus qu'à faire sortir de leur apathie les propriétaires et les gens instruits et vertueux : je cherchois à les dépouiller de leur pusillanimité, qui leur avoit fait abandonner le gouvernement à l'intrigue, à l'ambition et au brigandage ; je ne m'occupois que des moyens de déterminer les bons citoyens à prendre part à notre nouvelle forme de gouvernement. Enfin, je voulois amener les choses en France, au point qu'il fût vrai de dire : On est tellement libre en ce pays, que tout individu peut y lever la tête, y faire, y dire ce qu'il veut sans craindre ni les gouvernans ni le gouvernement, pourvu qu'il se conforme aux lois. Dans un pays vraiment libre, on ne craint que les lois et nullement le gouvernement : voilà l'unique pierre de touche de la vraie liberté.

Cette direction plus conforme à mon cœur et à mes idées n'absorboit pas tellement tous mes momens, qu'elle ne me permît de reprendre mes études favorites. Déja je commençois à rassembler mes manuscrits épars encore de côté et d'autre : je voulois faire jouir mon pays d'un ouvrage précieux pour les circonstances. Mon oncle m'a laissé un manuscrit où il a recueilli toutes les lois romaines sur la tactique et la discipline militaire de ces anciens maîtres du monde, et tous les faits qui y ont trait : on n'y trouveroit sûrement pas des lois assez équivoques pour faire traîner devant des tribunaux militaires des vestales ou des aruspices ; on y liroit encore moins un seul fait qui sanctionnât une pareille mesure. Je me proposois encore de publier une traduction des principaux traits de *Tacite*, réduits en maximes. Telles étoient mes dispositions, lorsque *Malo* m'a fait circonvenir pour m'entraîner dans les piéges qu'il m'avoit préparés.

Un citoyen nommé *Bedouet*, père de deux enfans aimables, me rechercha la première fois, il y a environ quatre mois, pour lui indiquer les méthodes et les personnes propres à leur éducation : il m'est venu voir quelquefois à ce sujet, et m'a présenté ses enfans. J'appris de lui, dans ses visites, que sa qualité d'inspecteur des postes l'avoit mis dans le cas de faire un long séjour dans les départemens de l'Ouest, d'où il arrivoit. Il y avoit appris, par les émissaires de *Puisaye*, les noms et la demeure des agens de Louis XVIII à *Paris*. Il en fit probablement part à son ami *Gouin*, qui lui parla des principes et des projets contre-révolutionnaires de *Malo*. *Bedouet* me communiqua le desir que *Malo* avoit de voir les agens de *Louis XVIII*. Je fus long-temps sourd à cette proposition ; et l'époque de l'entrevue, lorsque je fus résolu à en avoir une, fut souvent reculée, soit par mes craintes, soit par mes occupations. Enfin *Bedouet* me représenta que *Malo* avoit de grands projets et de grands moyens ; qu'il desiroit en communiquer avec les agens de *Louis XVIII*, et que tôt ou tard il seroit maître de *Paris*. *Bedouet* m'ajouta que *Malo* seroit obligé de presser l'exécution de ses projets, parce que la haine des anarchistes le poursuivoit par-tout. — Il n'y a pas quatre jours, me dit-il trois jours avant ma première entrevue, qu'il a été empoisonné chez un de ses camarades, où il fut forcé d'accepter un verre de vin. — Tant d'instances me déterminèrent à laisser fixer le jour de l'entrevue. Un tiers m'apporta une adresse, et me fixa le lieu et l'heure. Je m'y rendis, comme on va le voir dans le récit de la série des faits qui ont motivé mon arrestation.

Après cette première entrevue, *Bedouet* vint chez moi une ou deux fois pour me dire que *Malo* desiroit voir mes pouvoirs et demandoit quand l'autre agent seroit de retour. (Je lui avois annoncé l'absence d'un des agens.) Dans les premiers jours de pluviôse (vers le 23 ou le 24 janvier), *Bedouet* fit un voyage à *Montargis* pour y révoquer le directeur des postes qui favorisoit la circulation d'un journal anti-républicain. Il me montra la commission que lui avoient donnée pour cela les administrateurs des postes. Il est aisé de constater ce fait, et de démontrer que ce n'est pas lui qui a pu dire qu'il venoit de faire dans les départemens, par ordre des agens du roi, les dispositions nécessaires pour mettre les maîtres de poste dans le cas de seconder le mouvement projeté. Si, au contraire, *Bedouet* a véritablement tenu ce propos, comme l'affirme le rapporteur dans mon interrogatoire à la tour du Temple, je ne l'attribuerois qu'à une manie ridicule de se donner un air d'importance et d'initiation dans des mystères. Il faudroit pardonner cette sottise à la foiblesse humaine : mais toujours sera-t-il constant à quiconque voudra s'en assurer que *Bedouet* n'a été qu'à *Montargis ;* qu'il n'y a été que par un ordre exprès de son administration, et qu'il n'a été ni pu aller en d'autre ville, n'ayant pas fait une absence de plus de quatre à cinq jours.

A son retour de *Montargis*, le 8 pluviôse (27 janvier), *Bedouet* vint chez moi ; je lui annonçai l'arrivée de M. *Duverne* ; je lui en donnai l'adresse, et il s'y rendit le lendemain matin. Vous savez le reste par le récit aussi touchant que vrai que mon co-accusé *Duverne-de-Praîle* vous a fait de sa vie et des divers événemens qui en ont déterminé les principaux traits. J'aurois voulu qu'il n'eût dépendu que de moi de vous laisser ignorer son identité avec le citoyen *Dunan* ; j'aurois volontiers attiré sur moi seul la rigueur des lois ; ma peine eût été adoucie par l'assurance que je conservois à ma patrie un sujet qui avoit bien mérité d'elle sous l'ancien régime, et qui pouvoit la servir de la manière la plus distinguée sous le nouveau; je regardois ce service que je rendois par là à mon pays, comme bien au-dessus du prix qu'on auroit cru devoir attacher à mon dévouement.

La visite de *Bedouet* chez *Duverne* procura une entrevue de celui-ci avec *Malo*; dans cette entrevue on arrêta le rendez-vous de l'Ecole Militaire : en voici les suites.

J'ai été arrêté le 11 pluviôse (30 janvier), à l'Ecole Militaire; je l'ai été par des militaires et des agens de la police que le citoyen *Malo* avoit apostés pour cela dans différens endroits, et particulièrement entre des matelas dans son appartement, d'où je sortois. Ils m'ont livré sur-le-champ à des commissaires de police qui avoient eu ordre de m'attendre dans la guérite de la grande grille de l'Ecole Militaire, du côté de Vaugirard.

Les citoyens de *la Villeurnoy* et *Duverne-de-Praîle* ont été arrêtés avec moi dans le même lieu, sortant du même endroit. Nous avons été conduits dans un corps-de-garde voisin, où nous avons été fouillés, et où on nous a fait déposer tous les papiers qui étoient sur nous.

Je remarquai qu'après le dépôt de tous nos papiers sur la table du corps de-garde, un de nos arrestateurs, avant toute reconnoissance des pièces, sortit avec quelques-unes des principales, pour aller probablement savoir de *Malo* si c'étoit bien là ce que nous devions avoir de plus intéressant; et s'il ne falloit pas chercher jusques sur notre peau, et nous mettre à nud pour en trouver davantage : il n'y eut pas d'autres recherches de faites sur nous. *Malo* avoit bien pris ses mesures pour qu'il n'y eût rien de perdu : car tous les militaires qui avoient reçu le mot d'ordre dès le matin, au moment même où ils se saisirent de nous, s'écrièrent : *Prenez garde à leurs papiers, qu'ils n'en déchirent point, qu'ils n'en sortent point de leurs poches.*

Je remarquai même que, pendant la confection du procès-verbal, les militaires s'étoient distribué nos papiers, et les lisoient entre eux dans le corps-de-garde et au dehors. Les témoins de *Malo* auront pu aisément trouver dans cette lecture un supplément à leur mémoire.

Après la clôture du procès-verbal, nous avons été conduits dans trois voitures au bureau central, escortés par une force considérable de cavalerie; de là nous avons été menés chacun dans nos maisons ou appartemens, pour y voir faire la perquisition de nos papiers.

A la suite de recherches inutiles chez moi, on a mis le scellé sur la porte de la chambre que j'occupe, et j'ai été reconduit au bureau central. J'y ai subi un interrogatoire le 12 pluviôse (31 janvier). Le lendemain j'ai été conduit, vers les onze heures du soir, avec mes deux compagnons d'infortune, au Temple, où chacun de nous a été mis au secret.

Le 23 pluviôse (11 février) j'ai comparu dans la salle du concierge de cette prison, et j'y ai subi un interrogatoire pardevant le capitaine-rapporteur du conseil de guerre permanent de la dix-septième division. J'ai répondu aux questions qui m'ont été faites, après avoir protesté contre la compétence de ce tribunal. J'ai réclamé mes juges naturels, conformément à la constitution et aux lois subséquentes. J'ai déclaré ne répondre que par condescendance et sans préjudice à mes droits, me réservant de les faire valoir aussitôt que je pourrois communiquer avec mon défenseur officieux.

C'est ici que je commence à bien saisir la cause, l'ensemble et le but de l'accusation intentée contre moi.

Le fait est que j'avois vu, précédemment à mon arrestation, une seule fois, pendant moins d'une demi-heure, le citoyen *Malo* dans une maison tierce. J'y fus introduit à huit heures du soir par quelqu'un qui se promenoit dans la rue *Saint-Nicolas*, Chaussée-d'Antin. Je me rendis à cette entrevue avec le citoyen *la Villeurnoy*.

Le fait est que, dans cette entrevue, la conversation, après les complimens d'usage, a été ouverte par moi. J'ai demandé à *Malo* s'il souffroit encore des suites du poison qu'on lui avoit fait prendre. *Bedouet*, chez qui cette entrevue avoit lieu, venoit de m'apprendre que c'étoit la première sortie de *Malo* depuis cet accident. Celui-ci s'empara aussitôt de la conversation, et occupa presque tout le temps à nous parler de lui, de ses moyens de changer toute la face des choses en France, du projet qu'il en avoit formé depuis quinze mois, de sa détermination à l'exécuter seul et sans le concours de qui que ce soit, de l'assurance qu'il avoit du succès, de la nécessité, en un mot, de mettre la main à l'œuvre plutôt que plus tard. *Malo* nous parla sur-tout de la destruction des deux Conseils et de l'extermination de tous les membres du Corps législatif; ce qui lui seroit très-aisé, disoit-il, parce que *Ramel*, commandant de la garde du Corps législatif, lui étoit tellement dévoué, qu'il pouvoit tout tenter avec lui, nous ajoutant : *Ramel est prononcé au point que je suis obligé de l'arrêter toute la journée, et qu'infailliblement il se compromettra.* Eh ! sans des manières et un ton aussi décidés, dans cette première entrevue d'une demi-heure, me serois-je déterminé à une seconde entrevue où j'aurois porté des pouvoirs qui eussent pu, aux yeux de tout autre que je supposois *Malo*, passer pour des preuves de conspiration et des pièces d'anathême ? La conversation ne se borna pas encore là. J'observai à *Malo* que *Louis XVIII* ne vouloit pas d'effusion de sang; qu'il exigeoit, au contraire, qu'on travaillât à assurer sans trouble la meilleure composition possible du Corps législatif; que d'ailleurs tous les détails militaires dont il venoit de me parler m'étant étrangers, il falloit attendre l'arrivée d'un agent plus au fait de cet objet, lequel verroit ce qui seroit praticable d'après les instructions et les pouvoirs que je ferois connoître. Sur cette observation, *Malo* convint qu'il ne falloit pas de sang; qu'il se borneroit à sacrifier soixante-quinze membres de la montagne, et qu'il enverroit les autres, chacun chez eux, sous la responsabilité de leurs municipalités respectives. Il ajouta qu'il n'avoit pas besoin de voir de pouvoirs; qu'il en croyoit ce que je lui disois; qu'il ne vouloit non plus ni de princes, ni d'officiers généraux, ni d'autre agent; qu'il agiroit sans tout cela, du jour où il sauroit que mettre en place de ce qui subsiste; qu'il ne pouvoit rien attendre; qu'il étoit tous les jours sous le couteau de ces scélérats-là (ce sont ses expressions). Sur cela nous nous quittâmes sans convenir d'une autre entrevue, ni même sans nous en proposer. Je ne pouvois rien prendre sur moi dans une circonstance aussi délicate. Nous observâmes cependant encore à *Malo* que nous avions connoissance de quelques mouvemens qui se préparoient au nom du duc *d'Orléans*; que nous savions que ses plus dévoués partisans affluoient à *Paris* depuis quelque temps, et qu'on nous avoit assuré que le duc lui-même étoit aux environs de cette capitale, à neuf lieues. Voilà tout autant de faits qu'attesteront, comme moi, les citoyens *Bedouet* et *la Villeurnoy*, seuls témoins à cette première entrevue.

Le fait est que, quinze jours ou trois semaines après, je fus appelé à une seconde entrevue chez *Malo* lui-même, pour lui montrer les pouvoirs dont j'étois porteur. Je m'y rendis encore avec le citoyen *la Villeurnoy*. Nous n'y arrivâmes qu'à onze heures un quart passées, et nous nous séparames avant midi. Je n'eus pas même le temps d'y achever la lecture d'un plan de gouvernement qui me fut proposé à lire par le citoyen *la Villeurnoy*. *Malo* ne jeta que rapidement les yeux sur les pouvoirs qui lui furent mis entre les mains. Le citoyen *la Villeurnoy* lut une liste de ministres à mettre en place. Le nom de *Dumas* étoit en tête comme ministre de la guerre. *Otez, ôtez*, dit *Malo* à voix basse, *ce nom-là*. Le citoyen *la Villeurnoy* déchira ce nom, et le jeta au feu en disant : *Êtes-vous content?* Nous nous retirâmes aussitôt, sur l'invitation souvent répétée de *Malo*, qui nous disoit : *Voilà l'heure de la parade, il faut que j'y aille.* A peine eûmes-nous mis le pied dans la grande cour de l'Ecole Militaire, que nous fûmes arrêtés par une foule de soldats.

Le public a sous les yeux les pièces que j'ai reconnues trouvées sur moi.

Voilà cependant, pour mon compte et celui du citoyen *la Villeurnoy*, toute cette grande conspiration, fruit de deux demi-heures de rencontre, et consistant uniquement en un plan informe non signé, non approuvé, non arrêté, non discuté, non mis au net, lequel appartient dans tout son entier au dénonciateur, qui en avoit jeté les bases et fixé les premiers élémens ! Trois particuliers sans armes, sans défense aucune, sont à eux seuls les fauteurs, complices et agens de cette grande conspiration, et, comme tels, arrêtés avec grand fracas par plus de quatre-vingts militaires.

C'est d'après ces faits qu'on m'accuse d'être un conspirateur, d'avoir voulu renverser le gouvernement actuel, et livrer à la vengeance des royalistes tous les bons républicains. On prétend y trouver aussi des preuves d'embauchage. On en conclut sur-tout que je suis un ennemi de l'Etat, qui ai eu des correspondances avec *Louis XVIII* et avec ses partisans. Enfin on veut que je sois criminel de lèse-nation et d'attentat à la République, uniquement pour avoir eu l'idée d'un rapprochement du gouvernement actuel de France avec *Louis XVIII*. Tels sont les chefs d'accusation qui me font envoyer pardevant un conseil de guerre, pour y être jugé.

Cette marche des faits et des conséquences qu'on en tire, annonce évidemment, 1°. le desir de pouvoir disposer de la vie des citoyens par des moyens extraordinaires et anti-constitutionnels; 2°. le besoin de faire éclater bien haut le bruit d'une grande conspiration royaliste découverte; 3°. enfin l'envie de faire ressortir de plus en plus la nécessité de tendre de nouveaux rets de compression sur toute la France. Chacune de ces propositions trouvera sa démonstration dans ma justification.

1°. Je soutiens qu'on n'a pu m'enlever à mes juges naturels sans annoncer le desir d'avoir des ressources spéciales, extraordinaires et anti-constitutionnelles, contre les citoyens qu'on pourroit avoir intérêt de sacrifier.

L'incompétence d'un tribunal militaire dans le procès qui m'est intenté, est démontrée à tout homme qui, connoissant la constitution, ne veut pas se donner une réputation équivoque de sens commun ou d'esprit droit.

Je ne rappellerai pas ici les textes de la constitution, si savamment et si éloquemment discutés et commentés par les citoyens *Lebon*, *Chauveau-Lagarde*, *Dommanget* et *Guichard*; leurs écrits sont entre les mains de tout le monde. Au reste, les preuves de zèle qu'ils nous ont prodiguées dans tout le cours de cette malheureuse affaire, l'intérêt général qu'ils ont excité en notre faveur, pour lesquels nous leur devons une reconnoissance éternelle, nous ont été moins sensibles encore que le plaisir que nous avons ressenti en leur voyant déployer tant de talens et de courage pour faire valoir les droits du peuple contre l'usurpation de quelques gouvernans et contre la tyrannie : c'est toujours un service que nous aurons eu occasion de faire rendre à notre patrie.

Et puis, si on reconnoissoit la compétence d'un tribunal militaire pour nous juger, ce ne pourroit être que sur le fait d'embauchage ; de manière que si ce tribunal militaire ne prononçoit pas un jugement conforme au motif qui l'a fait choisir par préférence à un tribunal moins expéditif et plus régulier, on nous feroit donc passer par la filière d'autant de tribunaux qu'on pourroit articuler contre nous de chefs de délits différens. Cet atroce spectacle d'accusés traînés de tribunaux en tribunaux jusqu'à ce que mort s'ensuive, car c'est-là l'*ultimatum* de toutes les passions, peut-il être permis dans une nation et sous une constitution libres? Le desir d'avoir des ressources spéciales, extraordinaires et anti-constitutionnelles, pour disposer de la vie des citoyens, se manifesteroit-il assez clairement dans une pareille conduite?

2°. Je prétends démontrer que l'éclat donné à mon arrestation, présentée comme la découverte d'une grande conspiration royaliste, annonce le besoin qu'on avoit de publier une pareille découverte, quoiqu'on fût bien convaincu qu'il n'y avoit rien dans mon fait de ce qui constitue une conspiration, et encore moins une conjuration.

Je ne suis point un conjurateur : jamais je n'ai ni fait ni conçu de plan contre aucune autorité constituée reconnue, contre aucune espèce de gouvernement établi ; jamais je ne me suis associé à qui que ce fût pour arriver à cette fin coupable ; jamais je n'ai exigé, jamais je n'ai prêté, jamais je n'ai reçu de serment de personne pour concourir à rien de semblable.

Je ne suis pas un conspirateur : où sont mes complices? où sont mes coopérateurs? où sont mes moyens, même mes projets d'exécution? On ne conspire pas seul et sans des préparatifs proportionnés à l'étendue du complot qu'on a formé. Les citoyens *la Villeurnoy* et *Duverne* se justifient suffisamment de toute complicité de conspiration avec moi, pour que je ne doive pas me mettre en peine de cette accusation.

Mais vous avez formé le projet de renverser le gouvernement actuel de France!

Je n'ai jamais formé ce projet ; les premières idées qui m'en aient frappé me sont venues de *Malo* : il exigeoit cela comme le prix du service qu'il vouloit rendre à Louis XVIII. Je ne pouvois goûter de pareilles idées ; elles étoient contraires aux dernières instructions que je venois de recevoir.

Vous conspiriez contre les bons républicains que vous vouliez livrer à la vengeance des royalistes!

Bien loin d'avoir eu des vues aussi atroces, je puis me glorifier d'avoir opéré un changement presque total dans les projets et les idées des royalistes, et dans la conduite de leurs chefs. Je leur ai fait voir que la guerre civile qu'ils entretenoient ne servoit qu'à détruire et nullement à réédifier ; qu'elle n'étoit utile qu'aux ennemis de la France, et qu'elle nous conduiroit à l'entière destruction de ce riche pays. Je leur ai fait comprendre que si le gouvernement actuel ne plaisoit pas à la majorité des Français, le temps, ce grand maître, amèneroit seul les changemens les plus analogues à leurs vues ; que la guerre civile des royalistes ne feroit qu'irriter les passions et augmenter le nombre des partisans d'un gouvernement qu'on pouvoit fort bien ne pas goûter, mais autour duquel la multitude se réuniroit toujours contre l'exaltation, redoutable chez les royalistes comme chez tous les gens de parti. Je les ai déterminés à ne plus reprendre les armes, à se confondre dans les rangs des autres citoyens. J'ai plus fait ; j'ai sollicité l'approbation de cette démarche nouvelle. *Louis XVIII* n'a pas hésité de la sanctionner : et, par cette conduite généreuse, il a montré à l'Europe entière jusqu'à quel point il portoit son dévouement pour le bonheur du peuple français, de qui seul il vouloit recevoir les témoignages d'amour sur lesquels il se croit et veut toujours être en droit de compter. Fort de cette sanction, j'ai comprimé tous les mouvemens qui auroient pu avoir lieu par suite de mécontentemens, d'insubordination, d'oppression et de misère. Tous ces élémens d'insurrection n'existent que trop en France ! et ils y sont effrayans pour tout observateur impartial.

Je ne puis appeler ici en témoignage, ni ceux qui m'ont secondé pour ces plans conciliatoires, ni ceux que j'ai influencés : ce seroit autant de victimes que je désignerois a l'arbitraire, à l'esprit de parti, aux factions opposées : ce sont des témoins muets, je le sais, et le malheur de ma position ne me permet pas d'en appeler d'autres pour ma justification ; mais le silence et l'inaction où j'ai réduit le désespoir même, sont bien éloquens pour quiconque ne veut pas fermer les yeux sur la profondeur des plaies qui affligent la France. Au reste, personne n'ignore que *Puisaye* étoit tout prêt, il y a trois mois, à éclater de nouveau. Il a répandu, à cette époque, un manifeste très-violent contre le gouvernement et contre les royalistes soumissionnés : c'est encore moi qui, aidé de *Duverne*, l'ai fait désarmer par les ordres de ceux au nom de qui il invitoit tous les royalistes à se réunir à lui.

Cette conduite de ma part a tellement produit d'effet, qu'elle a mécontenté des esprits turbulens, ou exaltés, ou ambitieux ; et, peu avant que de tomber dans les piéges cachés sous les matelas de *Malo*, j'ai appris qu'il se faisoit dans les départemens de l'Ouest des réunions de gentilshommes pour me dénoncer à *Louis XVIII* et aux royalistes, comme ennemi de la religion et du trône, et pour former un conseil royaliste exécutif. Déja plusieurs mémoires ont été envoyés contre moi pour me présenter comme un homme qui avoit surpris la religion de *Louis XVIII*. De manière que je suis dénoncé comme un républicain dans une partie de la France, tandis que dans l'autre on me traduit devant les tribunaux comme un conspirateur qui vouloit livrer les bons républicains à la vengeance des royalistes! Les preuves authentiques de tous les faits que je viens d'articuler, sont déja déposées entre les mains de l'histoire, forcée pour ce moment au silence par la crainte des passions et des haines toujours renaissantes, ou par l'horreur de la flatterie, dont elle ne veut ni ne doit se souiller.

Vous vouliez rétablir le royalisme! Cela résulte évidemment de vos pouvoirs et de vos instructions.

Je conviens que mes pouvoirs énoncent ce vœu-là; mais ce vœu n'est-il pas formellement écarté par les instructions d'une date beaucoup postérieure, qui me font un devoir de concourir à la meilleure composition possible des deux conseils, et d'en faire une disposition générale pour tous les royalistes? Après tout, ce n'est que le vœu de celui qui donne le pouvoir, et non de celui qui le porte: ma conduite, sur ce point, est la meilleure réponse que je puisse faire.

Vous n'en êtes pas moins un conspirateur; car c'est même un crime d'avoir pu penser à des rapprochemens praticables entre le gouvernement actuel de France et *Louis XVIII*.

Je suis bien loin de partager cette horreur contre les rapprochemens entre les choses les plus disparates. Je crois qu'en politique tous les rapprochemens sont possibles, et que tous sont desirables. Ce seroit une bien atroce politique que celle d'un gouvernement qui croiroit devoir tout sacrifier à la haine des rapprochemens! Le plus beau pays du monde devroit donc être dévasté pour ne pas laisser fléchir l'opinion de quelques hommes? Autant vaudroit remettre en vogue le projet infernal de *Marat*: on sait qu'il vouloit faire guillotiner les deux tiers de la France, pour régner tranquillement sur le troisième, qui se seroit laissé brider à la *d'Orléans*, sans mot dire. Y auroit-il bien loin, en effet, d'une conception aussi plutonique à une invincible obstination dans un systême de guerre continuellement offensive, et qui, même avantageuse, moissonne, je ne dis pas des milliers, mais des millions d'hommes, sans procurer une bouchée de pain à une foule de rentiers, de pensionnaires et de non propriétaires en proie aux horreurs de tous les genres de besoins. A dieu ne plaise que j'imagine que le gouvernement actuel de France ait adopté un pareil systême! il seroit désespérant pour toute la majorité des Français qui, n'étant ni salariée, ni en disposition de se gorger de la fortune publique, meurt de faim ou vit très-malheureusement et très-misérablement, même avec de belles propriétés. Et puis, pourquoi cette idée de rapprochement seroit-elle un crime, puisque la constitution a prescrit un mode de révision, et qu'on ne peut prévoir les changemens qui en résulteroient (1).

L'existence de votre conspiration résulte de l'aveu que vous faites d'avoir eu des relations, des rapports avec les ennemis de l'Etat, même d'avoir entretenu des correspondances avec eux !

Je n'ai jamais eu de rapports qu'avec *Louis XVIII*, que je ne me représenterai jamais, d'après ce que je viens de dire, comme l'ennemi des Français, ni même du gouvernement de France. Ces rapports, d'ailleurs, étoient purement passifs de ma part ; ils ne consistoient qu'à recevoir des instructions qui m'étoient adressées en son nom par celui qu'il a chargé de cette partie. Je ne pouvois, d'un autre côté, influencer la conduite des insurgés en France qu'en entretenant avec eux des rapports suffisans pour changer leurs idées. Je me présentois à eux, au nom de *Louis XVIII*, comme un médiateur et un conciliateur entre eux et le gouvernement ; je leur présentois comme une règle invariable la conduite de *Louis XVIII*, disposé à se prêter à tous les arrangemens propres à concilier les intérêts particuliers et généraux, ainsi que les idées nouvelles avec quelques-unes des plus anciennes, et peut-être plus faites pour inspirer la confiance aux puissances étrangères, et ramener la paix en France. C'est à cela que se bornent tous mes rapports avec les ennemis de l'Etat, si on peut appeler ainsi des Français égarés, irrités et poussés à bout par l'excès de leurs maux que je cherchois à soulager.

Vous êtes au moins un embaucheur qui travailliez à séduire et à dissoudre les troupes républicaines par promesses de graces, grades et argent !

Je défie tout militaire, de quelque grade qu'il soit, de me soutenir, ou plutôt de me prouver que je lui aie jamais fait ou fait faire aucun genre de proposition. Il faut nécessairement, pour me trouver coupable de ce crime, un renfort considérable de témoins entre matelas. Le grade de colonel et la croix de Saint-Louis que *Malo* prétend lui avoir été offerts, seroient en vérité des récompenses bien mesquines pour un chef de brigade, de la part de gens qui sont supposés mettre tant de prix à une contre révolution opérée par cet officier.

Quant à la corruption tentée sur *Ramel*, et dont il paroît que *Poly* auroit été l'agent intermédiaire, je demande à *Malo* si,

---

(1) Il y a ici une grande question de droit public à examiner : elle regarde tous les prévenus de cette conspiration. C'est de déterminer jusqu'où les citoyens sont libres de s'occuper des moyens d'amélioration des lois de leur pays et de la forme de leur gouvernement. Je desire que quelque écrivain également versé dans la politique et l'histoire veuille nous seconder de sa plume et de ses talens pour établir à ce sujet des principes qui pourroient concourir à hâter le bonheur de nos concitoyens, et leur servir de flambeau dans une route où nous nous féliciterons de leur avoir frayé le chemin même à nos dépens.

d'après ma première entrevue avec lui, je pouvois ou devois penser à corrompre *Ramel*, que je ne connoissois pas même de nom, pas plus que *Poly*? Cette intervention de *Ramel* annonce évidemment un projet de perdre ceux qu'il connoît le moins, afin d'en sauver d'autres qui lui seroient peut être plus connus. Il devroit nous dire si jamais il n'a eu d'accointances avec les Orléanistes, ni avec ceux qui ont professé publiquement qu'il falloit faire changer de main à toutes les propriétés en France pour arriver ensuite, par le vœu général, au gouvernement en pointe, qui sanctionneroit toutes les usurpations? Les agens des Orléanistes sont répandus sur toute la surface de la France, et ils sont beaucoup plus du goût des anarchistes, qui les croient plus forts que les royalistes de *Louis XVIII*. *Ramel* ne pourroit il pas avoir été recherché, au nom des premiers, puisqu'il convient que ses tentateurs alloient de concert avec les anarchistes, ou en faisoient leur avant-garde? Je défie au contraire qu'on me cite aucun anarchiste que j'aie jamais employé directement ni indirectement à la moindre chose. L'histoire même, si elle croit devoir s'occuper de moi, me rendra l'honorable hommage de consigner dans ses fastes l'assurance que j'ai sollicitée et obtenue de *Louis XVIII*, que jamais, tant qu'il me croiroit bon à seconder ses vues pour le bonheur des Français, il ne donneroit de pouvoir ni ne souffriroit qu'il en fût donné par les puissances ses alliées à personne capable d'avoir des rapports avec les anarchistes, ni de s'en servir pour opérer des changemens en France : d'ailleurs Ramel fait tenir un propos tout-à-fait indigne de moi. Il fait dire que l'amnistie offerte par *Louis XVIII* n'étoit qu'un leurre, et que les parlemens viendroient en contrarier les effets. Ce propos ne peut jamais être mis sur mon compte, à moi qui offrois de faire venir un prince même pour servir de garantie et d'otage au gouvernement en cas de rapprochement. Je n'ai jamais parlé des parlemens à qui que ce soit. La dénonciation de Ramel ne peut donc, sous aucun point-de vue, tomber sur moi.

Vos instructions vous autorisent cependant à gagner les généraux des armées! vous avez entretenu *Louis XVIII* de vos succès à cet égard!

D'abord, j'observe que ces instructions sont adressées à un tiers en pays étranger, sur un mémoire envoyé à *Louis XVIII* : en conséquence la réponse est à la pensée de ce tiers, et non pas à la mienne; d'ailleurs, dans ces instructions, on se plaint de ne pas recevoir de détails à cet égard.

Toujours est-il vrai qu'à vos yeux mêmes vous êtes coupable des crimes portés en votre acte d'accusation, puisque vous ne voulez pas faire connoître votre véritable logement, ni nommer les personnes avec lesquelles vous avez eu des rapports, dans la crainte de les compromettre!

Voici le motif d'accusation le plus pénible pour mon cœur. Quoi ! pour me justifier suffisamment, il faudroit que je fisse partager mes malheurs à ceux qui n'ont eu aucune part à ma conduite ! Il faudroit que, dans un moment d'effervescence des passions et des factions, j'élevasse contre mes amis la prévention effroyable, résultante de la découverte vraie ou fausse d'une conspiration monstrueuse, annoncée comme devant faire baigner une partie des Français dans le sang de l'autre partie ! Il faudroit que je m'associasse comme complices des personnes dont l'innocence et la bonté faisoient le charme de ma vie, et qui ne voudroient pas me supposer coupable de l'ombre d'un crime ! Ce n'est pas assez des chagrins que je leur occasionne, des larmes que je leur fais verser sur mon malheur, sans que je les environne encore des horreurs du soupçon aux yeux d'un espionnage avide, de dénonciateurs empressés, de PROVOCATEURS A CONSPIRATION, etc., etc. Ce cloaque de Paris n'est-il pas l'égout de tous les crimes qui ont existé et qui existent ?

D'ailleurs, je n'ai point caché mon véritable logement ; je l'ai fait connoître, rue de Condé, n°. 4; mes lettres, mes journaux, qui y arrivent encore, prouvent que j'y remplis tous mes devoirs de citoyen. Je n'y couchois pas depuis cinq à six semaines, parce qu'ayant été obligé de céder précipitamment mon appartement que j'occupois au second dans la même maison, je fus forcé d'encombrer mes effets les plus précieux dans une seule chambre que je me proposois de faire arranger et meubler. En attendant, je jouissois des doux avantages de l'hospitalité : et on veut que, pour ma justification, je la livre à toutes les préventions d'une prétendue complicité qu'elle n'a jamais partagée !

Quoi que vous en disiez, vous ne pouvez disconvenir d'avoir eu des complices dans les deux personnes arrêtées avec vous !

Mais, quand j'accorderois qu'elles sont mes complices, je demanderois : De quoi sont-elles complices ? D'avoir écouté pendant deux demi-heures, en deux séances différentes, les propositions d'un homme qui vouloit nous en faire faire pour avoir le droit de nous dénoncer ?

Si elles n'avoient point été vos complices, vous n'auriez pas montré vos pouvoirs devant des gens qui ne partageoient pas vos opinions et vos desseins perfides !

Comme je n'avois aucun mauvais dessein, jamais je n'ai pensé devoir mettre vis-à-vis des gens d'honneur beaucoup de mystère à ma mission. En outre, j'ai cru qu'allant entendre des propositions de la nature de celles que devoit faire *Malo*, je pouvois porter sans risque comme sans défiance mes pouvoirs avec moi, et les lui communiquer sans inquiétude, en présence des personnes devant lesquelles il devoit s'expliquer aussi clairement. Ajoutez que la manière dont j'avois entendu parler de *Malo*, les propos que j'avois su qu'il avoit tenus dans différentes maisons, m'ôtoient toute méfiance, tant contre sa personne que contre ceux que je trouverois chez lui. Comme je connoissois peu *Malo !* Il avoit bien pis fait au camp de Grenelle ! Il y avoit laissé boire avec ceux qu'il sabra dans la nuit, ou livra aux tribunaux ! Au moins là, *Malo* a conduit, a soutenu, a aidé les conspirateurs jusqu'au moment de l'explosion ; au lieu qu'ici il n'a pas même donné le temps à la conspiration d'être conçue : il n'a pas pris celui d'en suivre les fils, d'en connoître les tenans et les aboutissans, d'en déterminer les complices. Il a préféré étouffer notre dénonciation et nos renseignemens contre les Orléanistes, se priver d'une brillante occasion de dénoncer deux conspirations à la fois, et faire tomber toute la fureur nationale sur des littérateurs vieux et infirmes, sur des femmes, pour faire cortège à des conspirateurs dont l'innocence lui étoit d'autant mieux connue, qu'il vouloit agir seul et sans le concours de personne.

Qu'on oppose à cela des témoins entre des matelas, on pourra gagner par le nombre, parce que cette espèce doit être multipliée dans des temps d'immoralité et de factions ; mais jamais on ne l'emportera ni par la vérité ni par la vraisemblance des faits : car j'imagine bien que personne ne sera tenté de croire que j'aie pu avoir part aux propos bas, triviaux et ridicules que *Malo* me prête dans son rapport à *Cochon*, au sortir de la première entrevue. L'impossibilité morale de l'association des individus qu'il y cite comme nos héros déja arrivés à Paris, la manière dont il estropie les noms, prouvent assez qu'il ment sans mesure.

Français trop crédules, trop confians et trop légers, voyez en moi une victime faite pour vous instruire à ses dépens : apprenez de mon malheur combien il est vrai de dire qu'il est dangereux de croire et de ne pas croire. Si j'avois cru les infortunés de Grenelle qui assuroient avoir été assommés en sortant presque des bras de *Malo* ou des siens, je n'aurois pas ajouté foi à ses protestations qui m'ont conduit dans les trébuchets placés entre ses matelas ; je ne lui aurois pas présenté des pièces avec lesquelles je travaillois en secret au bonheur d'une foule de malheureux ; il ne les auroit pas accollées à un plan médité et dicté par lui-même, dans les termes les plus propres à faire une conspiration à son gré ; enfin, il n'auroit pas réussi à mettre sur le compte d'autrui ses idées particulières, lorsqu'on cherchoit uniquement à pénétrer le vrai sens et l'importance qu'il y attachoit.

D'après ce que je viens de dire, il me paroît démontré que le besoin de faire sonner bien haut le bruit d'*une grande conspiration royaliste découverte*, a pu seul faire donner ce nom à mon arrestation, et être le secret motif de l'étalage de triomphe et de terreur, dont on a cru devoir en faire accompagner l'annonce dans les messages aux deux Conseils, et dans les journaux salariés par le gouvernement.

3°. Ce n'est donc pas à trois seuls individus qu'on a voulu s'arrêter pour tirer parti de *cette grande conspiration de deux demi-heures*. Cet éclat emprunté dont on veut les circonvenir, n'a d'autre but que d'étendre sur toute la France des mesures générales qui jettent assez de terreur pour écarter des assemblées primaires les gens sages et vertueux, mais timides et sans ambition. Déja vous voyez les motions pour amonceler dans les assemblées primaires des non propriétaires, afin de n'y laisser aucune place aux propriétaires, sous prétexte qu'ils sont tous royalistes. C'est au même motif que vous devez cet acharnement à vouloir des complices à une conspiration de deux demi-heures. On n'aspire qu'au moment de saisir des hommes respectables, comme le citoyen *Vauvilliers*, afin de pouvoir les plonger dans des cachots, les livrer aux tribunaux criminels, et ôter même aux électeurs l'idée de penser à des hommes dont l'opinion est si redoutable pour ceux qui veulent retenir le pouvoir par tous les moyens possibles. C'est pour la même raison qu'on n'auroit pas osé, dans les premiers jours de mon arrestation, se dire mon ami sans crainte d'être arrêté : voilà pourquoi encore on a tenu au secret deux sœurs, les citoyennes *Morc*, enlevées aux soins qu'elles prodiguoient à une mère infirme, âgée de plus de quatre-vingts ans, et sans ressource. Enfin, c'est ce qui explique cette sévérité contre de simples cuisinière, femme-de-chambre et laveuse de vaisselle, celle-ci âgée de treize ans, dont on veut arracher quelques noms sonores, capables de nous faire sortir de notre obscurité.

Mais on aura beau mettre en jeu tous les ressorts de la séduction, si l'on veut, et de la terreur, jamais on ne fera dire, encore moins prouver par qui que ce soit, si ce n'est par des témoins entre matelas, que nous soyons des conspirateurs, que nous ayons des complices et des chefs. Jamais on ne pourra nier que le citoyen *Dunan* n'ait exercé depuis plusieurs années divers métiers, entre autres celui d'épicier à Paris, et n'ait été obligé de donner presque tout son temps au commerce pour se procurer sa subsistance. En homme profond, il a jugé la révolution, et a compris que les gens instruits n'y joueroient pas les premiers un rôle avantageux, et qu'elle seroit le partage des ambitieux, des ignorans et des scélérats, avant que de devenir utile aux bons et vrais Français. Il a suivi la maxime du sage : *Il a caché sa vie*; peut-on lui en faire un crime ?

Le citoyen *la Villeurnoy*, borné à un cercle étroit d'amis qu'il s'étoit choisis, vivoit avec trop d'amabilité, de gaieté, de franchise et d'abandon dans sa société pour en faire un foyer de conspiration ; il n'avoit aucun moyen de flatter l'ambition d'autrui. La révolution l'a réduit au ton de la plus stricte médiocrité ; il ne pouvoit en conséquence attirer des intrigans chez lui, et il ne se répandoit dans aucune société au-dehors.

On ne trouvera guère plus dans ma vie privée, un personnage à la hauteur et de la consistance d'un conspirateur. Continuellement occupé de rendre des services de tous les genres, à tous ceux que je voyois dans la peine ; toujours livré à diriger l'éducation des enfans de mes parens et amis ; sans cesse partagé entre l'obligeance et l'étude, trouvez moi un seul moment où j'aie pu travailler une conspiration ; citez-moi une seule des personnes de ma société habituelle, capable même de me servir de complice. Je défie qu'on m'en produise une seule qui ose jamais tenter plus que de juger les conspirateurs et les conspirations, et encore le plus souvent *par manière de devis et de joyeux propos*. Les enfans, les parasites et les gens foibles, tels que sont la plupart de ceux qui ne nous recherchent que pour obtenir des services, ne peuvent guère aller au-delà du simple parlage.

Or, en bonne foi, est-ce chez de pareils individus que l'on rencontre ces noms pompeux de conspiration et de conspirateurs, tels qu'il les falloit et tels qu'on les cherchoit dans cette circonstance ? Il est fâcheux que *Malo* se soit tellement laissé presser par le besoin de plaire à ses souffleurs, qu'il n'ait pas donné le temps de faire arriver les princes, les ducs et les parlemens qu'il prétend qu'on lui promettoit ; mais il ne pouvoit attendre : il falloit *une conspiration*, et *une grande conspiration*, pour faire arrêter sans délai beaucoup de monde ; pour obtenir, à cause du danger imminent de la chose publique, le droit inconstitutionnel de livrer tous les citoyens indistinctement à des commissions militaires ; pour donner l'alarme, jeter la terreur, incarcérer les bons, enhardir les méchans, et préparer ainsi les motifs des arrêtés contre les prêtres insermentés, au moment même où on tracasseroit les jeunes gens : tout cela, évidemment, pour ne laisser approcher des assemblées primaires que les hommes d'élite, de certains meneurs qui veulent sauver la France à leur manière et pour leur propre compte, mais sur-tout indépendamment de cette jeunesse en qui M. *Necker* met le dernier espoir de la France.

Pourra-t-on maintenant se refuser de convenir avec moi que toute *cette grande conspiration* n'a été trouvée, arrangée, faite, que pour avoir une raison apparente d'étendre sur toute la France de nouveaux filets révolutionnaires, de nouveaux rets de compression, sous le prétexte d'étouffer le royalisme ?

Le résultat de cet exposé offre donc un accusé chargé de pouvoirs de la part d'un prince dont les malheurs et ceux de sa famille sont un titre de respect et d'amour pour une foule de gens. A l'aide de ces pouvoirs, cet accusé a su arrêter les explosions du désespoir, du mécontentement et de la misère; contenir les uns par autorité, les autres par l'espérance; ramener chacun sous l'empire des lois existantes; déterminer enfin les plus exaspérés à ne faire que des vœux pour obtenir un ordre de choses plus analogue à leur goût, à leurs idées, et plus propre à leur faire présager un prompt soulagement à leurs peines.

Ces pouvoirs, indiscrètement confiés, pendant à peine une seule minute, à un être qui cherchoit à trouver, bien plus, de prétendus conspirateurs que des conspirations, ont été accollés au poison qu'il avoit préparé; et voilà qu'aussitôt des témoins sortis d'entre des matelas présentent l'accusé comme un marchand de poison patenté, et muni de tous les pouvoirs du grand empoisonneur (1).

Ce trait prouve assez la fragilité des choses humaines, et ne démontre que trop que les meilleures choses deviennent une peste dans la main des pestiférés, et que, quelque bonne intention qu'on ait, il ne faut jamais mettre entre les mains d'un fou, d'un méchant, encore moins d'un ambitieux, une arme quelconque, quoiqu'elle puisse être très-utile entre les mains de l'homme de bien.

Je n'ai point cherché dans cet exposé à confondre mes ennemis, je ne m'en connois point; et des témoins entre matelas ne sont pas susceptibles de honte.

J'ai cherché à consoler mes amis. L'homme qui n'a que de bonnes intentions se fait un devoir d'entretenir de lui tous ceux qui s'intéressent au sort de la vertu heureuse ou persécutée.

Quelles lois en effet pourroient faire traiter de criminel celui qui, n'écoutant que son cœur, et ne consultant ni les opinions, ni les intérêts différens, reçoit de toutes mains les moyens de faire le bien, et s'en sert envers toute sorte de monde sans considération des personnes ni des choses? Voilà mon crime. Je m'en avoue coupable, s'il peut y avoir des lois qui fassent un crime d'une pareille conduite. Mais quel est le pays où un homme seroit regardé comme criminel pour s'être conduit de la sorte? Si c'étoit mon pays, si c'étoit mes concitoyens sur qui pesassent des lois aussi anti-sociales, aussi barbares...!... Eh bien!... je ne le fuirois pas encore; je ferois en secret des vœux pour qu'on y abjurât le fanatisme des opinions politiques qui déchirent le monde, et je m'exposerois volontiers à encourir toute la rigueur des lois, pourvu que je donnasse à mes semblables l'exemple de ce que peut

(1) Remarquez, s'il vous plaît, que si Malo eût pu nous regarder comme des conspirateurs à la tête de quelque grand complot, il seroit coupable de n'avoir pas voulu étudier plus de trois demi-heures cette conspiration, ses ramifications et ses partisans. Mais comme il étoit très-convaincu qu'il n'y avoit pas de conspiration, il a négligé d'en rechercher les élémens, et ne s'est attaché qu'à des hommes qu'il pouvoit qualifier de conspirateurs sur l'étiquette du sac.

un bon cœur malgré des lois atroces. Que l'on me condamne à présent, si on le croit nécessaire pour faire respecter les lois : je n'ai d'autre ambition que de fournir à un petit nombre de vrais amis, sujet de dire que j'ai rempli ma tâche à la gloire et pour le bonheur de l'humanité.

Je donnerai par la suite, si on m'en accorde le temps, et dans des circonstances plus favorables, des détails qui prouveront que je me suis conduit, dans tout le cours de ce procès, sans redouter les fureurs d'un royalisme aveugle, persécuteur et forcené, et sans rechercher les faveurs du républicanisme. Je saurai même, un jour, faire rougir certains personnages des trames secrètes ourdies par leur intrigue ou leur ambition, pour, sous le double masque de royalistes ou de républicains, pouvoir plus sûrement spolier, proscrire et égorger dans tous les rangs.

Dans la prison de la Maison-Commune de Paris, le 19 germinal, an 5 (samedi, 8 avril 1797).

A. C. BROTIER.

A PARIS, chez BAUDOUIN, Imprimeur du Corps législatif, place du Carrousel, n°. 662.

BIBLIOTHEQUE NATIONALE DE FRANCE
3 7531 00710945 8

www.ingramcontent.com/pod-product-compliance
Lightning Source LLC
LaVergne TN
LVHW010306230826
846091LV00007BB/2743

* 9 7 8 2 0 1 3 2 5 9 8 3 5 *